한국디카시학 디카시선 024

정말일까?

정물결 디카시집

도서출판 실천

정말일까?
한국디카시학 디카시선 024

_____

초판 1쇄 인쇄 | 2024년 8월 25일
초판 1쇄 발행 | 2024년 8월 30일

지 은 이 | 정물결(정은주)
펴 낸 이 | 이어산
엮 은 이 | 이어산
기 획 · 제 작 | 한국디카시학회
발 행 처 | 도서출판 실천
등 록 번 호 | 서울 종로 바00196호   등 록 일 자 | 2018년 7월 13일
　　　　　| 진주제2021-000009호　　　　　　　| 2021년 3월 19일
서울사무실 | 서울특별시 종로구 율곡로 6길 36
　　　　　 02)766-4580, 010-6687-4580
본사사무실 | 경남 진주시 동부로 169번길 12, 윙스타워지식산업센터 A동 705호
　　　　　 055)763-2245, 010-3945-2245 팩스 055)762-0124
편 집 · 인 쇄 | 도서출판 실천
디자인실장 | 이예운   디자인팀 | 변선희, 김승현, 김현정

ISBN 979-11-92374-58-1
값 12,000원

* 이 책은 전부 또는 일부 내용을 재사용하려면 저작권자와 '도서출판 실천'의
  동의를 받아야 합니다.
* 이 책의 국립중앙도서관 출판예정도서목록(CIP)은 서지정보유통지원시스템(http://seoji.nl.go.kr)과 국가자료종합목록시스템(http://www.nl.go.kr/kolisnet)에서 이용하실 수 있습니다.
* 잘못된 책은 교환해드립니다

본 도서는 진주문화관광재단의 지원금 일부를 지원받아 출간하였습니다.

정말일까?

정물결 디카시집

■ 시인의 말

반복되는 밤의 결락 사위어가고
태어나 단 한 번뿐인 사랑 같은 것
번개처럼 내리치는 작별 같은 것
어떤 마음들이 흘러오고 있었을까

그 이름들 앞에
오래 서성거리고 있게 될 거라고
풍경이 약속처럼 당신들 얼굴에 스미어
거기서 다시 시작해보려고

아버지, 어머니
비쳐 날아오르는 새소리
손바닥에 놓아 드립니다

2024년 여름의 끝
정 물 결

■ 차례

1부 진주알 아카펠라

아, 촉석루 · 12
붓다Buddha · 14
음유시인 · 16
간다 · 18
김시민 金時敏 · 20
스프링클러 · 22
애도 · 24
아메리칸 블루 · 26
매표소 · 28
공중 곡예사 · 30
넋은 있고 없고 · 32
아우라 · 34
작가 수업 · 36
저항 · 38
비밀 친구 · 40
품 · 42
천국 · 44

2부 정말일까?

공룡 알 · 48
정말일까? · 50
그늘은 깊고 깊어 · 52
미싱 · 54
별자리를 굽다 · 56
개꿈 · 58
사과 반쪽 · 60
외출 · 62
입양 · 64
구口 · 66
너, 너, 너 · 68
병 · 70
花답 · 72
고전古典, 한 뚝배기 하실래예? · 74
新낭만주의 · 76
장미의 이름 · 78
박하사탕 · 80
누구라도 그러하듯이 · 82

3부 푸른 사과, 오늘하고 더 하루

당신들께 나는 누구입니까 · 86
ㄱ자 환생 · 88
신기한 일기장 · 90
멈춤-19 · 92
침 · 94
빨강 종소리 · 96
유연한 표정 스마일 · 98
봄날이 가고 · 100
덕후 · 102
인형놀이 · 104
저녁이 저녁에게로 · 106
지붕아래 · 108
한가로운 장소 · 110
혀 · 112
조무래기 · 114

4부 탐스러운 담벼락 아래

오느른 마술 · 118
기꽈? · 120
노처녀 · 122
브레이크 타임 · 124
새댁이 · 126
소나기 · 128
외로움의 거처 · 130
자연의 규칙 · 132
안전수칙 · 134
만약 내가 · 136
피사체 · 138
삼각관계 · 140
화양연화 · 142
파이터 · 144
혼자옵서예 · 146
디카시집 해설 · 148

1부

진주알 아카펠라

아, 촉석루

남강 흑암黑暗에 비친 물기둥이

무한에 다가서는 황홀

수면위의 역사는 비단으로 집을 지었다

진주라 천 리 길

물드는 태고太古의 빛을 마신다

붓다Buddha

인사동 거리에서 나를 처음 만나다

하나의 사물이 거울에 비쳐진 색상과 같이

과거, 현재, 미래는 일체의 것

매끄러운 기름을 머리에 붓다

음유시인

시는 어디에 있을까

오방색 단청

바람이 이끄는 풍경의 날갯짓에

하늘 열고

뎅그렁 뎅그렁, 시가 떠돈다

간다

간다

진한 맛과 투명한 꿈을 간다

간다

오늘이란 하루가 간다

김시민 金時敏

나인들, 두려움이 없었으랴

끝없이 죽었으며 죽지 않을 영령

진주목사, 이 자리에 돌이 되어 섰어도

꺼지지 않을 목소리 부릅뜬 눈

뜨거운 피

스프링클러

한여름, 땡볕에서야

돌에도 땀구멍이 있다는 걸

알게 되다니

탑은

있는 힘 다해 물을 빨아들인다

애도

볕이 등을 떠미는

푸른 저 강물에

그대의 혼이 흐른다

의지만큼 굳건한 쌍가락지 끼고

나라를 건져 올린 여인이시여

아메리칸 블루*

지쳐

쉬어가고 싶은

여기 불빛이 보이나요?

외눈박이 풍경에 익사하다

*메꽃과 다년생 식물로 햇볕이 따뜻해야 잘 자람.

매표소

성城의

전생을 관람하려면 입장권을 사야 한다

진주시민은 주민증만 제시하면

언제나 무료로 입장할 수 있다

이 지역에 살고 싶은 첫 번째 이유

공중 곡예사

나약한 나라에선

이렇게 피가 엉겨 붙지 않아도

거창한 혈족 같지

서로의 냄새도 까맣게 잊고

비벼댈 테니

넋은 있고 없고

비석 앞에서 슬픈 표정 짓는 거 아니다

그날 그렇게 믿고 싶었다

우울한 영화의 등에 업혀 영화처럼

우울하게 잠들고 싶지는 않았으므로

아우라

제 몸을 불사르고

글썽거리는 접시에 담겨있다

당당한 눈물이 저 강을 데려 간다

작가 수업

고양이가 사랑하는

내 눈빛은

긴 하루해

그 그림자

저항

누군가는 그렇게 잔인하기도

그리고 어질해졌다

회오리였다

순간

비밀 친구

말해봐

누구에게도 발설하지 않아

오죽하면 거미가 내 입에 집을 지었을까봐

봐봐

품

속을 비운 지금

넉넉한 가슴으로

옹기종기 모여 지난 이야기를 품고 있다

천국

사람들이 매우 아팠다

오염된 도시를 씻기려고

물 대신 구름 공기약이 뿌려졌다

비루한 것들이 다시는 찾아오지

말라는 무언의 표식表式

2부

정말일까?

공룡 알

'티라노사우르스'가 알을 낳고 갔어요

우리 집 주방에다요

정말일까?

아저씨, 이 버스 백악기 가요?

공룡을 보려구요

"그럼, 어서 타렴"

그늘은 깊고 깊어

섬기는 그늘이 촘촘한 낙원이여

보이지 않던 것도 다스려 볼 수 있는

혜안慧眼의 그루터기

비로소 유배지 남해 땅 불휘공 되시었다

미싱

기다리고 있다

거스러미 잠재우는

어둠 한 단계 아래 방법을 터득했다

곧

돌아갈 것이다

별자리를 굽다

흩어진 연기는 밤하늘 별자리로 스미었다

별맛이 쫀득하다

별의 향기가 구수하다

저녁 공기가 손등을

가슬가슬하게 스친다

개꿈

흰 눈이 내렸다

맘대로 발자국을 찍고 싶었다

꼬리 물고 돌아가는 네게 묻고도 싶었다

얼룩말도 얼룩소도 아니면

여긴 어디야 꿈이야?

사과 반쪽

반쪽이 났다

엎드려 앓을 새도 없이

등을 돌리긴 더 어려워

모양새가 마음에 안 드니까

외출

아직 차갑거나

곧 뜨겁거나

너무 빠르게

달려가고 싶은

발가락

입양

죠리퐁

초코 송이

먹고 싶어

안 돼

안아줘야지

구멍

주인의 그늘에서 문을 닫고 나왔다

하인은 자유의 몸으로 돌아갔고

흔적만 남았다

지나간 눈물들 얼룩 말리고 싶어

크게 입을 벌린다

너, 너, 너

부표처럼 떠 있는 너라는 섬

별바라기

첫 날처럼 세어보는

별

하나, 둘, 세엣

병

병이 병病을 부른다

'중독' 됐다는 말 듣기도 싫거든

병에 먼지가 앉든 말든

손도 대지 마시라

花답

감나무 색 대문 앞

혼자 있는 아이가 있었다

넌 누구니?

가녀린 몸을 흔들며 수줍게 웃어준다

내가 원하는 것이다

고전古典, 한 뚝배기 하실래예?

오래

고아야

완성되는 사골 국처럼

진한 고전古典

옛날 종이책 맛

新낭만주의

만 원 한 장 때문에 게걸음을 하다니…

자책하지 않는다

일단 밟고 본다

재빨리 오천 원짜리 로또 두 장을 산다

일용직의 허름한 오후를 들키지 않는다

장미의 이름

가시 돋친

아제르바이잔 담벼락에

붉은 성배가 나부낀다

따가운 한 송이는 비리다가

또 한 송이 딴 농담은 모자처럼 눌러 쓴다

박하사탕

다음 사람

그

다음 사람에게도

불어주고 싶은

휘파람 소리

누구라도 그러하듯이*

당신은 꿈이 있었나요?

이렇게 늙을 줄 몰랐다고요?

그래서 늙은 여자를 사랑하나요?

*가수 배인숙의 샹송 리메이크 노래

3부
푸른 사과, 오늘하고 더 하루

당신들께 나는 누구입니까?

내 아버지, 어머니

천지를 비추던 시절에서 떠나시고

단 한 번의 사랑, 번개처럼 내리치던 작별

그 나라에선 다시없습니까?

하얀 의자 허공으로 앉아선지 대답이 없으시네

ㄱ자 환생

허리 굽혀 일만 하다 가셨습니다

다시 나무가 되어 일러주십니다

너희는, 기 꺾여 살지 말아

신기한 일기장

세상에 하나 남은 태양을 안고서

신기한 일기日記의 첫 장을 펼쳐 보다

멈춤-19

해는 져서 어두운 데

당신이 없어졌다는 것을

폐허가 될 날들 밟고 서서

정지된 화면을 찍는 사진가처럼

침

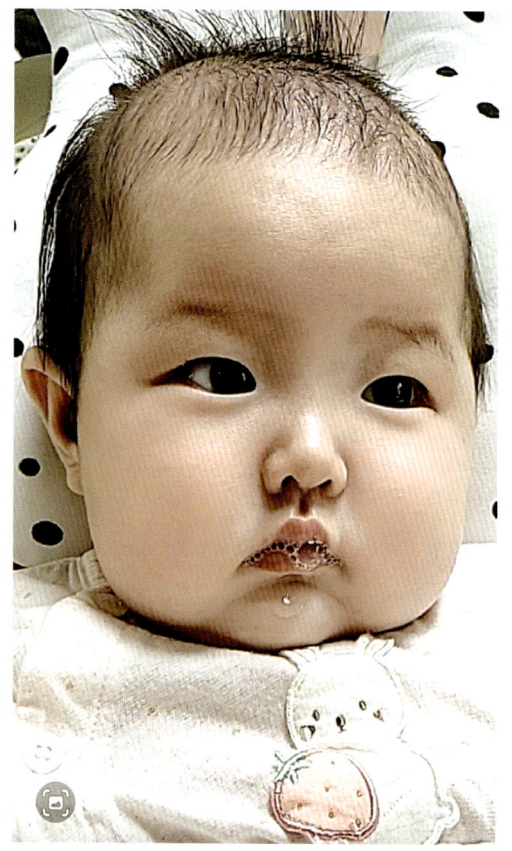

참으려 해도 뽀글뽀글 고이네

딸기 토끼 졸음이 오기 전

분유 냄새 풍기는 햇살이 끓어 넘쳐

아가

빨강 종소리

연초록 잎사귀

든든히 받쳐주니 맘껏 애교 떤다

딸랑딸랑 딸랑딸랑

방울토마토 예쁜 빨강 종소리

유연한 표정 스마일

울다가도 웃게 하는 사진을.

꼬리치던 몸을 묻고

그저 오래 저물고 싶었다

봄날이 가고

다 저녁

하라부지에겐 환한 저녁

밥도 먹었고

바람도 쐬고

까꿍이도 보고

덕후

억지로는 못 하는 거

털의 결을 쓸어주고

수염 난 볼을 비벼주고

너로 인한

재채기도 참아내는 거

인형놀이

어린 시절 사진을 보았습니다

너의 얼굴을 쳐다보았습니다

몸만 작았지 나의 얼굴입니다

나에게 온 너와

옷을 이렇게 입었습니다

저녁이 저녁에게로

연탄불에 디포리 된장찌개 끓이고

고봉밥 아랫목에 묻어 놓고

젖은 어깨에 얹힌 퇴근길

지붕 아래

단발머리 세라복 입고 학교 다닐 때

다락방에서 새끼 다섯을 낳았던

'나비야'가 살았다

돋보기를 써야할 지금도 살고 있다

나풀나풀 날아들 '나' 나비를 기다리면서

한가로운 장소

휴대폰 소리

달거락거리고

방 달빛을 따라

맨발 슬리퍼를 끌고

혀

아이 어른 여자 남자

한바탕 먹고 떠난 자리에

찌그러진 콜라 캔, 종이냅킨

인스턴트 혀가 자주 들락거리면

The lip is 덩치!

조무래기

알사탕 버무린 장면처럼 까르르

투명 물방울 알전구

투명 무설탕 알갱이

투명 잇몸 무화과

투명 눈동자 물안경

4부

탐스러운 담벼락 아래

오느른 마술

특별한 것이 없는데

누가 발로 차주었으면

왜 지금 왔느냐고

오느른

오늘이 있을 뿐이라고

기꽈?

오늘 몇 물이꽈?

아홉 물이우다게

기꽈?

경허난 다들 물질가꼬나게

이땅왕 봐사키여 뭐 막 잡아신지

오늘 몇물이예요?/ 아홉물이예요/ 그래요?/
그래서 다들 물질하러 들어갔구나/
이따 와서 봐야겠네 뭐 많이 잡았는지

노처녀

변치 않는 의자에 앉혀놓고

햇살 속에

꽃길 걷듯

사랑하는 사람은 움직인다

브레이크 타임

한 시간 뒤에 와 주실래요?

오후엔 특별히 처음 개시되는

고양이똥 커피를 반값에 모실게요

- 카페 주인장 야옹이 부부 -

새댁이

새덕이를

새댁이로 부를 뻔했다

생각을 짚어보고

말을 걸었어야지

당신이 온 것이다

소나기

사람의 물방울이 톡, 톡, 떨어진다

미끄럼 타듯 흘러내리는 어린 물방울들이

자연으로 굴러 바다로 향한다

외로움의 거처

여기를 떠나야지

절대 돌아오지 말아야지

독한 마음 주먹 꼭 쥐어보는

자연의 규칙

바람과

구름과

갈대가 스스로 움직이는 게 아니다

서로 마주

보는 마음이 있어서다

안전수칙

등 돌리며 가도 다 알아

철저한 거리두기 하는 거란 거

그래도 종종 슬퍼

괜한 상실감에

만약 내가

막막한 사실이므로

묻지 않겠노라고,

살아 있지도 않은 내가

잘살고 있을 네게 묻노니,

피사체

유리벽에 드리운 바다로 가서

내가 돌아오지 않는군

다음의 나는

없다는 걸 모르는지

누가 바다로 가자고 했나

삼각관계

Bill은 아내와 애인 사이에서 선택을 할 수 없다

빌빌거리는

화양연화

대롱대롱 매달려 살아도 겨울이 좋았다

엄마 무릎 베고 누웠던 아랫목이 참 좋았다

노란별이 떠있는 아침,

싸락싸락 첫 눈이 내린다.

파이터

아직 살아 있다

점점

사라지고 있다

지구의 완벽한 시나리오

나를 지켜봐 줘

혼저옵서예

하늘을 쳐다보지 않는

당신을

기다리다 돌이 된 사람

혼저옵서예

□ 정물결 디카시집 해설

세상과 삶의 풍경에 마음을 담은 디카시

정물결 디카시집 『정말일까?』

김종회 (문학평론가, 한국디카시인협회 회장)

1. 이 유서 깊은 도시의 음영과 시

정물결 시인은 부산 출생이나 지금은 진주에서 살고 있다. 2020년 《멀구슬문학》 창간호에 시를, 《한국디카시학》에 디카시를 발표하며 시인으로서의 길을 걷기 시작했다. 등단 이후 수상 경력도 많다. 고성한글디카시공모전 대상을 비롯하여 이병주국제문학제·개천예술제·제주국제감귤박람회의 디카시 공모전에 입상했다. 그런가 하면 형평문학제 시민백일장 시 부문 수상과 이병주 소설 입체낭독대회 대상 수상의 경력이 있다. 전자 시집으로 『꽃보다 꿈』을 상재上梓하기도 했다. 필자와는 경희사이버대학교 문예창작학과 강의실에서 만난 인연이 있으며, 이제는 함께

디카시를 쓰는 동역자가 되었다. 그가 삶의 터전으로 삼고 있는 진주는, 필자가 중·고교 시절을 보낸 제2의 고향이다.

  이 시집의 1부 〈진주알 아카펠라〉에 수록된 시들은 진주를 상징하는 촉석루, 남강, 논개 등의 역사성을 가진 대상과 그 주변 및 거리의 스토리들을 담아내려 시도했다. 진주는 낙동강의 지류인 남강이 서쪽에서 동쪽으로 시의 북부 중앙을 곡류하면서 유역에 충적 평야를 형성한 도시다. 그 남강에 근접하여 촉석루와 논개의 사당이 있고, 의기意氣를 자랑하는 문화 도시이자 유림의 전통이 강한 교육 도시이기도 하다. 「아, 촉석루」는 남강에 휘황찬란하게 비친 촉석루와 진주성의 야경을 렌즈에 담았다. 시인은 그 물기둥을 황홀하게 바라보며, 비단으로 집을 지었다고 했다. 「애도」에서는 남강대교의 처마를 받치고 있는 쌍가락지 모형에서, 왜장을 안고 물속으로 뛰어든 논개의 충절을 소환했다.

음유시인

시는 어디에 있을까?
오방색 단청
바람이 이끄는 풍경의 날갯짓에
하늘 열고
댕그렁 댕그렁, 시가 떠돈다

 오방색 단청이 현란한 기와지붕의 처마에 '음유시인'이란 제목을 붙였다. 그 이마를 장식하고 있는 풍경 때문일 것이다. 음유시인은 고대 혹은 중세 유럽에서 시를 읊으며 각지로 떠돌아다닌 시인을 뜻했다. 이 분야의 가장 오랜 시조始祖가 곧 호메로스다. 이들의 시는 근·현대에서 규정하는 시의 의미와 달랐고, 굳이 계보를 따지자면 서사시와 같이 이야기를 전달하는 역할을 했다. 인용된 시는 날아갈 듯 어깨를 치켜든, 고색창연한 지붕 아래 물고기가 매달린 풍경을 포착하고 이 가운데 음유시인의 이야기가 잠복해 있을 것으로 보았다. '풍경의 날갯짓'이라는 시각 이미지와 '뎅그렁 뎅그렁' 울리는 풍경 소리의 청각 이미지 어간於間에 시가 떠돌고 있다는 것이 시인의 생각이다.

매표소

성城의
전생을 관람하려면 입장권을 사야 한다

진주시민은 주민증만 제시하면
언제나 무료로 입장할 수 있다
이 지역에 살고 싶은 첫 번째 이유

진주성 공원 정문 앞의 매표소다. 과거 촉석루를 중심으로 소규모 공원이 있었을 때는 촉석공원이라 불렸고 출입문도 촉석루 바로 아래에 있었다. 그러나 영남포정사와 서장대 일대까지 공원이 확장된 진주성 복원 이후에는 정문 또한 시내 쪽으로 내려왔다. 매표소 앞에는 남녀노소가 보이고 외국인 가족도 보인다. 시인은 '성城의 전생'을 관람하려면 입장권을 사야 한다고 안내한다. 그 성의 전생이란 이 유서 깊은 도시와 왜란에서 대첩을 거둔 성의 전사前史이기도 하려니와, 그 와중에서 면면히 이어온 백성들의 삶을 말하기도 한다. 그런데 진주 시민은 무료라니, 이곳에 삶터를 두고 사는 이들의 특별한 사유思惟와 인식을 존중한다는 어투와도 같다.

2. 지역 풍광과 그 내면 성찰의 눈

이 시집의 2부 〈정말일까?〉에 수록된 시들은 진주 인근의 경남 고성 일대와 그 주변, 고성의 공룡 이야기, 하동 북천과 지리산 및 섬진강의 풍경들을 대상으로 한다. 고성은 디카시의 발원지이기도 하며 매해 디카시 관련 여러 행사를 시행하고 있는 고장이다. 한반도에서 공룡의 유적遺跡이 남아 있는 곳은 북방 함경북도 끝에서 남단 제주도까지 전역에 걸쳐져 있지만, 이를 가장 먼저 브랜드화 한 고장 또한 고성이다. 하동 북천은 작가 이병주의 고향이다. 지리산, 섬진강, 다도해가 모두 병풍처럼 둘러 서 있다고 해서 삼포지향三抱之鄉이라는 이름으로도 부른다. 시인은 이 산자수명山紫水明한 향토사회의 경물들을 뜻깊게 바라본다. 「정말일까?」에서는 대형 공룡의 모형이 서 있는 버스 정류장에서 '백악기' 가느냐는 물음과 그렇다는 대답을 망설임 없이 내놓았다. 「너, 너, 너」는 한적한 야산에 드리운 자신의 그림자와 그 내면을 깔끔한 계량으로 가늠해 보았다.

그늘은 깊고 깊어

섬기는 그늘이 촘촘한 낙원이여
보이지 않던 것도 다스려 볼 수 있는
혜안慧眼의 그루터기
비로소 유배지 남해 땅 불휘공 되시었다

이 연륜 깊은 느티나무는 어디에 서 있는 것일까? 시인의 귀띔으로 짐작되는 그 몇 곳 중 하나일 터이다. 줄기가 깨끗하고 그늘이 넓어 마치 마을의 수호목처럼 동네 어귀를 지키고 있다. 사진은 여름 잎새가 풍성한 나뭇가지 아래로 멀리 바라다보이는 평온한 촌락과, 초록빛으로 물이 오른 들녘의 모습을 안정적으로 붙들었다. 어린 시절에 한적한 농촌에 살아본 이에게는 사뭇 친숙한 경관이다. 시인은 이 나무의 은덕을 두고 '섬기는 그늘이 촘촘한 낙원'이라 불렀다. 거기 '혜안慧眼의 그루터기'가 더하여지고, 그 결과로 '유배지 남해 땅 불휘공'이 되었다는 이야기를 전한다. 제주도에서는 불휘공을 '태초의 뿌리'라 부르는데, 이 나무가 서 있는 지역에서는 어떠할까?

고전(古典), 한 뚝배기 하실래예?

오래

고아야

완성되는 뼈 사골 국처럼

진한 고전古典,

옛날 종이책 맛

 유학의 전통이 선연한 지역이니, 어디엔들 사진에서와 같은 고서의 서가가 없을까. 해묵은 책이 겹겹이 쌓여 있는 광경은, 그 책들의 외양과 더불어 오랜 세월을 두고 축적된 지식의 소재所在를 상징한다. 오늘날과 같이 컴퓨터와 인공지능이 천장을 치는 시대에 있어서도, 서책이 우리에게 공여하는 지혜는 다른 무엇으로도 대체할 수 없는 가치요 힘이다. 시인은 여기에 '고전(古典)'이란 언표言表를 부여하고, 오래 고아서 완성된 '뼈 사골국' 같다는 비유를 동원했다. '진한 고전'과 '옛날 종이책'을 하나의 연장선상에 놓고 바라보는 시각은, 상당한 설득력이 있다. 그리고 짐짓 읽는 이에게 묻는 말은 이렇다. '고전 한 뚝배기 하실래예?'

3. 친인 또는 연분의 귀한 관계성

3부 〈푸른 사과〉에 수록된 시들은 혈육으로서의 가족과 아이의 출생 및 성장 과정을 담아내고, 동시대를 살아가는 한 가정의 형상에 포커스를 맞추어 그 사진과 이야기를 보여준다. 기독교의 방식으로 말하자면, 하나님이 직접 세우신 기관은 교회와 가정밖에 없다고 한다. 이때의 가정은 우리가 임의대로 구성할 수 없는 천륜이나 섭리의 다른 이름이 된다는 뜻이다. 「당신들께 나는 누구입니까?」는 지금은 이 땅에 없는 부모의 사진 한 장을 두고, 그와 함께 자신의 존재론적 지위를 묻고 있다. 「신기한 일기장」에서는 비교적 젊은 아버지가 갓난아기를 품에 안고, '세상에 하나 남은 태양'이자 '신기한 일기(日記)의 첫 장'이라는 대단한 수식어를 부가하고 있다.

ㄱ자 환생

허리 굽혀 일만 하다 가셨습니다
다시 나무가 되어 일러주십니다
너희는, 기 꺾여 살지 말아

 야산 자락에 대나무가 듬성듬성 서 있는 낮은 비탈이다. 그중 하나의 나무가 그야말로 'ㄱ자'로 부러져 허리를 굽히고 있다. 여기에 '환생'이란 제목을 붙이고, 이를 시인 자신의 부모 중 한 사람이 환생한 것으로 치부한다. 꺾인 나무의 모양과 헌신적인 부모의 희생이 하나의 개념으로 연대 될 수 있다고 인식했기 때문이다. 허리 굽혀 일만 하다 가신 분, 다시 나무가 되어 이르기를, '너희는, 기 꺾여 살지 말아'이다. 이 말과 몸짓의 형용은 이 나라 강역疆域에서 신산辛酸한 삶을 살아온 모든 부모의 바람이요 당부다. 이 보편적 정서에 동의하게 되면, 문득 이 시는 우리가 쉽게 심정적으로 공유하는 친인親姻의 관념을 소환하게 된다.

멈춤 - 19

해는 저서 어두운 데

당신이 없어졌다는 것을

폐허가 될 날들 밟고 서서
정지된 화면을 찍는 사진가처럼

 밤하늘에 걸린 가로등 불빛이 각기의 쌍으로 정렬한 데에 의미를 둔 시다. 세상의 어떤 존재든 하나의 짝을 이룬다는 것은 여러 가지 의미를 반추하게 한다. 일찍이 고구려의 유리왕이 「황조가」에서 꾀꼬리를 두고 노래한 이래, 많은 시인 묵객이 이 언어 문법을 활용해 왔다. 함께여서 기쁨, 혼자여서 외로움 등의 삼성은 우리 주변에 너무도 흔하게 널려 있는 소재이지만 거기서 어떤 축약된 의미의 암시를 추수하느냐가 중요하다. 시인은 이 가로등을 보고 '당신이 없어졌다는 것'을 깨닫는다. 그 아픔이 만만치 않다. '폐허가 될 날들'이나 '정지된 화면' 같은 언사가 이를 증명한다. 그런데 이 극한의 심사가 시라는 표현 형식을 얻으면, 거기 일말의 카타르시스가 작동한다는 사실을 아는 사람은 다 아는 것이다.

4. 남녘 섬에서 만난 수발한 경관

이 시집의 4부 〈탐스러운 담벼락 아래〉에 수록된 시들은, 저 남쪽 제주도에서 촬영되고 창작된 경과를 가졌다. 한가롭게 앉아 있는 길고양이, 담벼락 아래 풍성한 귤, 직·간접적인 해녀의 일상, 돌하르방을 위시한 그림 같은 광경이 그 시들의 대상이다. 「외로움의 거처」는 귤나무에 혼자 매달린 왕귤 하나를 부각한 다음, 오히려 제주를 떠나 다시 돌아오지 않겠다는 탈향의지의 외형을 환기한다. 그런가 하면 「혼저옵서예」는 들판에 연립해 서 있는 돌하르방의 행렬이 '혼저옵서예' 곧 '어서 오세요'를 발화하고 있다는 생각을 보여준다. 시인은 이들을 두고 '당신을 기다리다 돌이 된 사람'이라고 명명命名했다. 시의 눈을 통하면, 이렇게 돌과 사람이 한 가지가 될 수 있는 법이다.

오느른 마술

특별한 것이 없는데
누가 발로 차주었으면
왜 지금 왔느냐고

오느른
오늘이 있을 뿐이라고

 돌의 나라 제주도여서일까. 돌로 된 담벼락이 그야말로 단단하고 정갈해 보인다. 그렇게 고즈넉한 길목에 무지개색 우산 하나가 뒤집혀 있다. 제주도는 돌이 흔하고 어쩌면 섬 전체가 하나의 거대한 돌인지도 모른다. 해변에는 몽돌이 있고 산에는 화산석의 잔해인 화산송이가 있다. 그러므로 이 시의 사진과 같은 돌길은 전혀 이상하지 않다. 거기에 자연의 여러 색조를 묶어낸 우산 하나가 뒹굴고 있고, 시인은 제목에서부터 '오느른 마술'이라고 썼다. 자연의 품성과 부합하는 노상路上에, 제멋대로 던져진 깔끔한 우산 하나를 '마술'이라 치부하는 것이다. 이 광경이 서울과 같은 도회에 있었더라면, 이 시의 은유에서처럼 마술로 보이지 않았을지도 모르는 일이다.

화양연화

대롱대롱 매달려 살아도 겨울이 좋았다
엄마 무릎 베고 누웠던 아랫목이 참 좋았다
노란별이 떠있는 아침,

싸락싸락 첫눈이 내린다

시의 제목을 일러 '화양연화'라 했다. 화양연화花樣年華

는 인생에서 가장 빛나고 행복한 순간을 가리키는 말이다. 청춘 시절이나 특별히 기억에 남는 순간을 지칭할 때 이 말을 쓴다. 이는 2000년에 개봉된 홍콩 왕가위 감독의 영화로 더욱 유명하다. 시인은 이 언어적 의미를 눈 내린 겨울, 제주도 시골의 토담집 뒤꼍으로 이끌고 왔다. 흙과 돌로 된 외벽이 높고 초가의 지붕은 흰 눈을 이고 있다. 그 겨울의 한기를 헤치고 뜨락 귤나무는 노란 과실들을 매달았다. 사람 그림자 하나 없으나, 제주도 본연의 목가적 풍취를 발산하고 있는 것이다. 가장 제주도적인 것이 가장 제주도에서 아름답다는 언사를 빌려 오면, 화양연화라는 어휘에 반대하기 어렵다. '싸락싸락 첫눈'이 내리는 날, 시인은 이를 '노란별이 떠 있는 아침'이라고 묘사했다.

이제까지 우리가 정성껏 살펴본 정물결의 디카시들은 자연 친화의 순후하고 서정적인 분위기 속에서, 그 자연의 모습이 끌어안고 있는 내포적 의미망을 걷어 올리는 데 열중하는 것이었다. 이를 시로 치환하는 데 있어 불필요한 기교를 부리지 않고 과중한 언어의 무게를 제시하지도 않으며, 세상의 경물景物과 그로부터 유추할 수 있는 내면의 심상을 담담하면서도 치열하게 도출했다. 자신이 살고 있는 지방 도시의 면모와 그에 대한 깊은 애정, 마음을 다해 사랑하는 가족들의 다양다기한 일상, 또 멀리 제주도에서 만난 시적 대상에 이르기까지, 여러 대상을 진

심갈력盡心竭力하여 디카시의 세계로 초치했다. 이 시집을 통해 좋은 디카시를 만난 기쁨을 누리면서, 앞으로 그의 시가 더욱 일진월보해 갈 수 있기를 간곡한 마음으로 기대해 마지않는다.